M000220142

THE FOUNTAS & PINNELL

Spanish Prompting Guide PART 2
for Comprehension: Thinking, Talking, and Writing
A Tool for Bilingual Literacy Teachers

SECTION I

Introduction

Readers and the Reading Process

Reading is a highly complex process. Initial success in native language literacy provides a base for subsequent success in English (Escamilla, 1996). Each reader builds a system for processing texts that begins with early reading behaviors and becomes a network of strategic activities for reading increasingly challenging texts. The construction of the systems "in the head" is unique for each student. Marie Clay (1991) described readers' paths to proficient reading as "different paths to common outcomes."

Systematic observation of reading behaviors has the same potential for improving literacy instruction in Spanish as it does in English (Escamilla, 1996). Reading is, essentially, thinking in response to written language. Your precise language in teaching directs the readers' thinking before, during, and after reading so they can expand their in-the-head systems for reading and reflecting on texts with deep understanding. Observe your students' oral reading, talking, and writing about reading for behavioral evidence of their processing strengths and needs to gain information that can shape your teaching.

Texts

Your students will have the opportunity to think and talk about a variety of texts. When you read aloud, share the reading of a text, or lead a book club that is grade and age-appropriate, your questions or prompts will foster your students' deep thinking about a variety of texts. When you use texts placed along a gradient of difficulty (leveled texts) to guide children's reading at their instructional levels, you will be able to facilitate a productive discussion that supports thinking not only within, but beyond and about the text as well. The text will allow for the students to process it with a high level of accuracy and independence and your facilitative talk will expand their understanding.

In a reading conference with an individual child be sure the text is one that he can read with understanding and fluency on his own (independent level). Your language interactions in the conference can expand his thinking through talk as well as his written responses in his reader's notebook.

Contents

Teaching

Your role is to notice each student's precise reading and writing behaviors and provide teaching that supports change in what she can do over time. As you infer from the observable behaviors how a reader or writer is building a system of strategic actions in-the-head, you can make effective instructional decisions. The language in this guide is designed to help you teach readers how to focus or expand their thinking through talk and writing before, during, and after reading.

Evidence of Reading Competencies: Oral Reading, Talking and Writing

ORAL READING In oral reading, you notice how your students think or problem-solve through the text—how they solve words, notice and correct errors, use the meaning, language, and print information, adjust their reading, and use the dimensions of fluency to interpret the author's message with the voice.

TALKING AND WRITING Through observing the students' talk and writing about reading, you gain more evidence of their understanding or comprehension of the text. Your students' talk about how their reading reflects their thinking. When they write about reading, they get their thinking down on paper.

Contents of the Prompting Guides
Observable Behaviors that Indicate Reading Competencies

The chart on the next page shows the behaviors that are evidence of students' thinking within, beyond, and about the text. We hope the language we provide in this guide will help you deepen and expand your students' comprehension and enjoyment of text through rich discussions and a variety of written responses.

In Spanish Prompting Guide, Part I for Oral Reading and Early Writing, you find language for teaching, prompting, and reinforcing effective reading behaviors during oral reading and in early writing. The teaching includes using meaning as one important source of information. Refer to this tool to support your students' effective problem solving for accurate, fluent oral reading and efficient early writing skills.

In Spanish Prompting Guide, Part 2 for Comprehension: Thinking, Talking, and Writing, we provide language for teaching readers how to focus or expand their thinking through talk and writing before, during, and after reading. Our goal is to help students think in three broad ways: They need to think within the text, noticing and using the information that is directly stated in the text; they need to think beyond the text about what is implied, not explicitly stated; and finally, they need to think about the text, analyzing the writer's craft and thinking critically about the whole text. Refer to this tool to support your students' thinking, talking, and writing about reading, or their reading comprehension.

OBSERVABLE BEHAVIORS THAT INDICATE READING COMPETENCIES

Oral Reading (Spanish Prompting Guide, Part 1)[1]	**Reading Comprehension: Talk and Writing** (Spanish Prompting Guide, Part 2)
Thinking *Within* the Text	**Thinking *Within* the Text**
■ **SOLVE WORDS** Use a range of flexible strategies to recognize, take apart, and understand words	■ **SUMMARIZE** Remember important information and carry it forward
■ **MONITOR AND CORRECT**[2] Check on accuracy and understanding and work to self-correct errors when all sources of information don't fit together	**Thinking *Beyond* the Text**
■ **SEARCH FOR AND USE INFORMATION**[2] Notice and use all information sources (meaning, language structure, and visual information)	■ **PREDICT** Think about what might happen next
■ **MAINTAIN FLUENCY**[3] Read at a good rate with phrasing, pausing, intonation, and appropriate stress	■ **INFER** Think about what the writer means and has not explicitly stated
■ **ADJUST READING** Take action in flexible ways to solve problems or fit purpose and genre	■ **MAKE CONNECTIONS** Connect the text to personal and world knowledge as well as other texts
	■ **SYNTHESIZE** Adjust present understanding to accommodate new knowledge
[1]This prompting guide also includes prompts for early writing. [2]These categories include a focus on using meaning information and monitoring meaning. [3]This category is highly related to reading for meaning.	**Thinking *About* the Text**
	■ **ANALYZE** Notice aspects of the writer's craft
	■ **CRITIQUE** Think critically about the text

Language for Teaching for Systems of Strategic Actions

The prompts in this guide are designed to help you demonstrate, prompt for, or reinforce effective reading behaviors related to comprehension in three categories—thinking within, beyond, and about the text. They include: self-monitoring and self-correcting meaning, searching for and using meaning, summarizing, predicting, inferring, making connections, synthesizing, analyzing, and critiquing (*Teaching for Comprehending and Fluency: Thinking, Talking, and Writing about Reading, K–8,* Fountas and Pinnell, 2006). You can find specific behaviors and understandings to notice, teach for and support in *The Continuum of Literacy Learning, Grades PreK–8,* Pinnell and Fountas (2011). You will notice that many prompts fit into more than one category as they elicit complex thinking that involves more than one "in the head" action.

Thinking Within the Text

SELF-MONITOR AND SELF-CORRECT Readers need to use all sources of information in the text to confirm their predictions or notice when they don't understand a part of a text, and work to solve the problem. Problem-solving related to gathering information, solving words, or deriving meaning must take place against a backdrop of accurate reading. But even more important than accuracy is the student's ongoing awareness of whether he understands a text–whether it makes sense. The moment a reader loses the meaning, he must search for more information and problem-solve to be sure what is read makes sense, sounds right, and looks right.

SEARCH FOR AND USE MEANING Readers need to learn how to look for and use the visual information, language structure, and the meaning of the text as they problem-solve getting the message. As they move through the text they perceive and select the important information they will use as they apply higher-level comprehension strategies. As students learn to search for and use information while reading, they increase their ability to make predictions.

SUMMARIZE Readers need to think about the most important information while reading. They identify the information, extract it from the print, and form an ongoing summary of what it means. It is important for readers to remember important ideas, events, details, or other information. Summarizing involves bringing that information together in concise form, and carrying it forward as a tool for thought.

Thinking Beyond the Text

PREDICT Readers need to use language and meaning together to predict what will come next. The reader is looking ahead to *what could be,* using what he already knows, and taking in the full range of possibilities. When students understand the structure of the text, they can select the information that is important and supports the meaning.

INFER Inferring involves going beyond the literal meaning of the text to derive what is not stated but is implied. Readers must use the connections they have made and the information extracted from the text to form tentative theories and to create sensory images. Reading comes alive because the reader understands the text beyond the literal level.

MAKE CONNECTIONS Readers bring information to their processing of a text, and these connections set the scene for higher-level comprehension. Readers must draw on their personal experiences, their knowledge of the world, and their previous experiences with texts. If students approach the reading of a text as an isolated experience, they will not be able to engage in the complex cognitive activities of summarizing, synthesizing, analyzing, and critiquing, all of which require the application of prior knowledge.

SYNTHESIZE Readers must bring to together information from the text as well as from their personal, world, and literary knowledge to create or expand understanding. Synthesizing involves taking information from the text and creating newly organized and formed understandings that are different from the reader's previous understandings.

Thinking About the Text

ANALYZE In analyzing, the reader must go beyond simply experiencing the text or gaining information from it, but must also examine it. Through analyzing, readers gain a deeper understanding of a text by looking at the elements and how they fit together. In the process they are learning about how writers craft a text.

CRITIQUE The reader must understand how to judge or evaluate a text based on personal, world, or textual knowledge. As with analysis, the reader's connections form a basis for reading with a critical eye. Young readers need to begin detecting inaccuracies, inconsistencies, and prejudice in the material they read.

Language for Reading Conferences and Book Discussions

This general language will help you model, prompt for, and support a range of thinking across the systems of strategic actions. You can demonstrate language that contributes to effective discussion. Your students will learn how to use much of this language themselves as they discuss and write about reading. We have organized this language according to purpose, so you can focus on different sections as needed. In time you will not need to use this tool at all because you will facilitate and respond naturally in ways that encourage high-level thinking in your reading conferences and book discussions.

Using Spanish Prompting Guide, Part 2 to Teach for Comprehension

The prompts in this guide can be used in any instructional reading context that involves your students in thinking, talking, and writing about reading. Some of the questions will be useful for assigned writing to a prompt or short writes before or after reading (see *Teaching for Comprehending and Fluency: Thinking, Talking, and Writing about Reading, K–8,* Fountas and Pinnell, 2006) and provide excellent practice for responding to test prompts.

INTERACTIVE READ-ALOUD: In this whole group context, you and your students think together about a text you read aloud. Stop in a few places to invite thinking or to have students turn and talk to a partner or in threes to share their thinking with each other.

SHARED READING: Invite students to share their thinking about a text you read together as a whole group or small group.

BOOK CLUBS OR LITERATURE DISCUSSION GROUPS: In a small group book discussion, invite students' thinking so they can build a richer meaning than any one reader could construct from the text.

GUIDED READING: INTRODUCTION TO THE TEXT AND DISCUSSION OF THE TEXT: In this small group context, use prompts to get students thinking in the introduction to the text and build a deeper meaning in the discussion after reading the text.

READING CONFERENCES: In individual conferences with readers, you can use these prompts to get them to share and expand their thinking about books they are reading independently.

WRITING ABOUT READING (RESPONSES IN READERS' NOTEBOOKS, TEST WRITING): When you read your students' writing about reading, refer to the prompts to use in conferring or extending thinking in your written response.

Using the Language Prompts

Each of the examples can be adjusted to

- **TEACH:** Show and/or tell the reader what to do or how to think like a reader or writer.

- **PROMPT:** Remind the reader or writer to do what he already knows how to do because you taught him how to do it.

- **REINFORCE:** Affirm the reader's or writer's action by describing it.

You will find examples of how to adjust your language in the upper right corner of the page for each category.

Note on Regional Lexical Variation in Spanish

When you use the teaching, prompting, and reinforcing language in this guide with your Spanish-speaking students, it is important to consider the vocabulary that your students are most familiar with. There are significant differences in vocabulary, or regional lexical variation, among varieties of Spanish. Spanish regional lexical variation was taken into consideration in the translation. This guide was translated by several teachers and academics in the field of bilingual education who are native Spanish speakers. *Spanish Prompting Guide, Part 2* is meant to be used by a variety of bilingual literacy teachers whose Spanish-speaking students come from diverse regions and linguistic backgrounds. Thus, you will find that the guide contains variations in terms of vocabulary that you might need to address with some of your students. Lexical variants are provided throughout in parentheses to facilitate communication with Spanish-speaking students of diverse backgrounds.

Estímulos para sistemas de acciones estratégicas (Prompts for Systems of Strategic Actions)

AUTOVERIFICAR Y AUTOCORREGIR LA COMPRENSIÓN DE LA LECTURA (SELF-MONITORING AND SELF-CORRECTING MEANING)

Use language that helps the reader notice when he doesn't understand a part of a text and help him know how to work to solve the problem.

General (General)

¿Tiene sentido el relato (libro, oración, párrafo)?

¿Qué notaste? (after hesitation or stop)

¿Qué pasa?

¿Por qué paraste?

¿Lo revisaste para ver si tiene sentido?

¿Tiene sentido eso?

¿En qué se parece eso a algo que tú ya sabes?

¿En qué se parece a lo que acabas de leer?

¿Quieres volver a leer (leer lo que sigue)?

¿Crees que eso está bien?

¿Qué tendría sentido aquí?

Piensa en lo que el escritor está diciendo.

¿Qué crees que el escritor quiere comunicar cuando dice _____?

¿Qué dudas tienes todavía?

¿Qué fue lo que te confundió?

¿Hubo partes del libro que no comprendiste?

Busca la parte, o las partes, del relato (libro) que no comprendiste.

TEACH: *También tiene que tener sentido. Puedes volver a leer esa parte y pensar en lo que tendría sentido ahí. (Demonstrate.)*

PROMPT: *Inténtalo otra vez, y fíjate en qué tendría sentido.*

REINFORCE: *Te diste cuenta de que no tenía sentido y lo resolviste.*

¿Hubo partes donde te habría gustado que el escritor diera más información?

¿Hubo partes donde querías ir más despacio para pensar mejor?

¿Estabas pensando si el relato tiene sentido?

Self-Monitoring and
Self-Correcting Meaning (General)

Use language that helps the reader look for and use all kinds of information in the text.

General (General)

¿Quién es el autor?

¿Cuál es la fecha de publicación?

¿Cuál es el género? ¿Cómo lo sabes?

¿Qué te anticipa el título (la sobrecubierta, la contratapa, las ilustraciones, los títulos de los capítulos, la dedicatoria, la página inicial) acerca del libro?

¿Es éste un libro que describe hechos reales, hechos ficticios, o una mezcla de ambos? Si es una mezcla, ¿está claro qué partes corresponden a hechos reales y qué partes a hechos ficticios?

¿Qué características del texto impreso tiene el libro (viñetas, burbujas de diálogo, encabezamientos, tipos de letra especiales)? ¿Qué información te ofrecen esas características?

No ficción (Nonfiction)

Organización/Tema (Organization/Topic)

¿Quién es el personaje principal? (Puede haber más de uno).

¿Qué tipo de libro es éste?

¿Está expresado el tema del libro?

¿Cuál es el objetivo (meta) de este libro: narrar un relato, proporcionar datos, explicar la forma de hacer algo, o intentar persuadirte?

¿Cuáles son las diferentes partes de este libro?

¿Qué sabes ya sobre el tema?

TEACH: *Puedes pensar en lo que sabes sobre los personajes (relato, tema, ilustrador, género). (Demonstrate.)*

PROMPT: *Piensa en lo que sabes sobre el personaje (relato, tema, ilustrador, género).*

REINFORCE: *Estabas pensando en lo que ya sabes.*

Estilo/Tono (Style/Tone)

¿Cuáles son las palabras del vocabulario importantes de este libro?

¿Qué palabras importantes están relacionadas con el tema?

¿El escritor incluyó voces expertas (citas)?

¿El escritor hizo alguna comparación? ¿Fueron positivas o negativas esas comparaciones?

Exactitud (Accuracy)

¿Qué experiencia profesional relacionada con el tema tiene el escritor?

¿Se incluyen referencias bibliográficas en el libro? ¿Las referencias bibliográficas apoyan la exactitud de lo que se dice en el libro?

¿El escritor aporta detalles que apoyan las generalizaciones y las conclusiones del texto?

¿Hay algún dato que no haya sido incluido?

Ilustraciones/Gráficas (Illustrations/Graphics)

¿Qué tipo de ilustraciones y de gráficas se incluyen (fotografías, dibujos, diagramas, cortes transversales, mapas, notas enmarcadas en recuadros)?

¿Qué información te proporciona la tabla (el diagrama, el mapa, el texto encuadrado)?

¿El autor usa ilustraciones o gráficas para comparar ideas?

¿Las ilustraciones te ayudan a comprender el texto?

Ficción (Fiction)

Personaje (Character)

¿Quién es el personaje principal? (Puede haber más de uno).

¿Qué aspecto tiene el personaje principal?

¿El personaje principal es también el narrador?

¿En qué momento el autor presenta al personaje principal?

¿Quiénes son los personajes secundarios? ¿Qué papel desempeñaron en el cuento?

¿Qué personajes no tienen nombre?

¿Qué relación hay entre los personajes?

Trama (Plot)

¿Cómo empieza el cuento?

¿Cómo termina el cuento?

¿Cuál es el conflicto o el problema que se plantea en el cuento?

¿Qué ocurre en el cuento? ¿Cuáles fueron los sucesos más importantes?

¿De qué manera se soluciona el problema?

¿Cuál es la resolución del cuento?

Ambiente (Setting)

¿Dónde y cuándo ocurren los sucesos del cuento?

¿Dónde ocurrió este cuento?

¿Dónde se desarrolla la acción?

¿Qué temporada del año es?

¿Cuánto tiempo transcurre en el cuento: un día, varios días o mucho tiempo?

¿El ambiente (entorno) podría ser un lugar que existe realmente en la actualidad?

¿La vida del personaje transcurre en diferentes ambientes?

¿Influye el ambiente en las acciones del personaje?

Idea central (Theme)

¿Cuáles son las ideas importantes de acuerdo con lo expresado por el autor?

¿Qué te anticipa el título (la sobrecubierta, la contratapa, las ilustraciones, los títulos de los capítulos, la dedicatoria, la página inicial) acerca del mensaje de este libro?

Habilidad (Craft)

¿Puedes señalar las partes en que realmente viste _____?

¿El autor se ha inspirado en experiencias de su vida personal para crear este cuento?

¿Qué tipo de investigación se realizó para escribir este libro?

¿Qué sabes a partir de las ilustraciones?

¿Qué te hacen pensar las ilustraciones?

Use language that helps readers think about the most important information.

General (General)

Piensa en lo que sabes hasta ahora.

¿Cuáles fueron las cosas más importantes que el autor quiso decir?

¿Cómo podría resumirse todo el relato (libro) en dos o tres oraciones?

Explica de qué se trata el relato usando unas pocas oraciones.

Piensa en algunas oraciones que comuniquen la información de todo el libro.

¿Puedes resumirlo todo en unas pocas oraciones?

Puedes hacer un resumen usando este esquema: Alguien _____ (personaje) quería _____ (problema), pero _____ (sucesos). Entonces, _____ (conclusión o resolución).

El autor escribió principalmente sobre _____.

Explica de qué trata todo el relato.

Habla sobre las partes importantes de esta sección del libro.

¿Qué has aprendido hasta ahora?

¿Qué quieres recordar sobre este libro?

¿Cuál fue la información más importante del relato?

¿Cuáles fueron los conceptos (ideas) importantes que el autor comunicó?

¿De qué se trata el libro principalmente? ¿Puedes resumir el libro en unas pocas oraciones?

De las cosas que sucedieron en el relato, ¿qué crees tú que es importante?

¿Cómo describirías a ese personaje (trama, ambiente)?

TEACH: *Puedes pensar en la información más importante del relato y comunicarla en unas pocas oraciones. (Demonstrate.)*

PROMPT: *¿De qué manera comunicarías la información más importante en unas pocas oraciones?*

REINFORCE: *Comunicaste las partes más importantes del relato.*

PREDECIR (PREDICTING)

Use language that prompts the reader to use what he knows to anticipate what will follow.

General (General)

Piensa en cómo podría ser el libro basándote en lo que ya conoces _____ (del autor, del género, del contenido).

¿Qué pistas te dan el título y las ilustraciones?

¿Cuáles crees que son los posibles desenlaces?

¿En qué información te basas para hacer tu predicción?

¿Qué información te sirvió para hacer y cambiar tus predicciones (el vocabulario, tus conocimientos previos, los recursos literarios, el punto de vista, la estructura del texto)?

¿Fueron correctas o incorrectas tus predicciones?

¿Necesitas cambiar tus predicciones a partir de lo que acabas de leer?

TEACH: *Puedes fijarte en lo que ya sabes sobre un personaje para pensar en lo que el personaje podría hacer a continuación. (Demonstrate.)*

PROMPT: *¿Qué sabes sobre el personaje que te ayuda a pensar en lo que éste hará a continuación?*

REINFORCE: *Te fijaste en lo que sabías sobre el personaje para pensar en lo que éste hará a continuación.*

No ficción (Nonfiction)

Organización/Tema (Organization/Topic)

¿De qué manera la organización (estructura) del texto (relato, libro) te ayuda a predecir lo que el autor dirá a continuación?

¿Cuáles son los temas principales y secundarios sobre los que piensas que leerás en estos textos (libro, artículos)?

Basándote en lo que sabes sobre otros textos que tienen una estructura similar, ¿qué crees que sucederá?

Basándote en lo que sabes sobre _____ (materia), ¿te preguntas qué sucederá o qué aprenderás?

¿Qué otras ideas podría presentar el autor a continuación? ¿Por qué?

¿Qué crees que el autor te enseñará sobre _____?

¿Qué crees que aprenderás sobre _____?

¿Qué cosas te dirá el escritor (autor)?

Estilo/Tono (Style/Tone)

¿Qué palabras o frases usadas por el autor te ayudan a predecir lo que podría suceder a continuación?

¿El estilo del escritor permite anticipar claramente la información o las ideas que se presentarán a continuación?

¿Qué palabras claves usa el escritor para decirte lo que podría suceder a continuación?

Exactitud (Accuracy)

¿Puedes hacer alguna predicción sobre la exactitud del texto basándote en la experiencia profesional del autor?

Ilustraciones/Gráficas (Illustrations/Graphics)

¿De qué manera las ilustraciones te ayudan a predecir de qué tratará el libro?

Básate en las ilustraciones para predecir de qué se tratará el libro.

Basándote en las ilustraciones (gráficas), ¿qué información (ideas) crees que el autor presentará?

¿Qué argumentos crees que el autor dará?

¿De qué crees que el autor intentará persuadirte (convencerte)?

¿Qué crees que el autor comparará (contrastará)?

¿Qué soluciones crees que el autor ofrecerá?

¿Qué crees que el autor describirá?

Ficción (Fiction)

Personaje (Character)

¿De qué manera crees que _____ (personaje) solucionará el problema?

¿Qué crees que _____ hará? ¿De qué manera crees que hará eso?

¿Qué obstáculos podría encontrar el personaje principal para lograr lo que desea?

¿De qué manera las decisiones del personaje revelan quién es?

¿Se producirán cambios en el personaje principal? ¿Por qué piensas eso?

¿Qué cambios crees que se producirán en el personaje principal?

¿Qué desafíos (problemas) crees que el personaje principal enfrentará?

Predice de qué manera el personaje principal responderá a los desafíos (problemas) que se le presentan en el cuento.

Trama (Plot)

¿Qué crees tú que sucederá en este cuento?

¿En qué estás pensando ahora?

Basándote en lo que sabes sobre este cuento (ambiente, problema, personaje, género), ¿qué piensas que podría suceder a continuación?

¿En que te hace pensar eso ahora?

¿Qué esperas que suceda?

¿Qué es probable que suceda ahora?

Piensa en lo que sabes. ¿Qué crees que sucederá?

¿Cómo crees que sucederá eso?

¿Cómo crees que terminará el cuento?

Hasta ahora sé que _____, y eso me hace pensar que a continuación sucederá que _____.

Trama (Plot) *(continuación)*

¿Te preguntaste qué sucedería a continuación? ¿Hubo alguna pista sobre lo que iba a suceder? ¿Fue demasiado fácil predecir lo que pasaría?

¿Cuáles crees que son los posibles desenlaces?

¿Qué información estás usando para hacer tus predicciones?

Ambiente (Setting)

¿De qué manera piensas que el ambiente influirá en la trama y en los personajes?

¿De qué manera piensas que la época influirá en la trama y en los personajes?

¿Crees que los personajes deberán enfrentar desafíos (problemas) relacionados con el ambiente? ¿Por qué piensas eso?

¿Crees que los personajes deberán enfrentar desafíos (problemas) relacionados con la época? ¿Por qué piensas eso?

Idea central (Theme)

¿De qué piensas que tratará el cuento (libro)?

¿Qué pistas te ayudan a predecir de qué tratará el cuento?

Basándote en lo que sabes sobre este cuento (trama, ambiente, personajes, género), ¿cuáles crees que podrían ser las ideas principales?

¿Qué pistas te dan el título y las ilustraciones sobre cuál podría ser la idea principal del cuento?

¿Ahora cuáles crees que podrían ser las ideas principales de este cuento?

Habilidad (Craft)

¿Qué detalles (palabras, frases) usa el autor para ayudarte a predecir lo que podría suceder a continuación?

¿De qué manera tu conocimiento del estilo del autor te ayuda a formarte una idea sobre el tipo de libro que éste podría ser?

Use language that helps the reader think beyond the literal meaning of the text to derive what is not there but is implied by the writer.

General (General)

A veces el escritor quiere comunicar más de lo que escribe.

¿En qué te hizo pensar _____?

¿Qué intenta decir el autor en realidad?

Eso es lo que el autor dijo. ¿Qué quiso decir en realidad?

Fíjate en lo que el escritor quiere comunicar en realidad pero no dice.

Intenta visualizar lo que crees que el escritor quiere comunicar pero no dice.

¿Por qué crees que _____ hizo eso?

¿Cuáles eran las opiniones del escritor sobre el tema? ¿Cómo lo sabes?

¿Qué te dice este libro (relato)?

TEACH: *Debes pensar en lo que el escritor quiere comunicar en realidad pero no dice. (Demonstrate.)*

PROMPT: *¿Qué crees que el escritor quiso comunicar en realidad cuando dijo _____?*

REINFORCE: *Pensaste en lo que el escritor quiso comunicar en realidad.*

No ficción (Nonfiction)

Organización/Tema (Organization/Topic)

¿El tema del libro está explícito (claramente expresado) o implícito (sugerido) en el texto?

¿Por qué crees que el autor eligió esa forma de presentar las ideas claves (información importante)?

Estilo/Tono (Style/Tone)

¿Cuáles eran las opiniones del escritor sobre el tema? ¿Cómo lo sabes?

¿Por qué el autor dijo _____?

¿Qué quiso comunicar la autora en realidad cuando dijo _____?

¿Qué está dando a entender el autor cuando dice _____?

¿Cuál es la perspectiva del autor? ¿Qué detalles revelan esa perspectiva?

Exactitud (Accuracy)

¿Cuál es el propósito del escritor?

¿Por qué el escritor decidió no incluir _____?

¿Por qué el escritor omitió información sobre _____?

¿El escritor fue objetivo en su presentación de la materia (tema)? ¿Cómo lo sabes?

Ilustraciones/Gráficas (Illustrations/Graphics)

¿Por qué el autor decidió incluir estas ilustraciones (gráficas) en particular?

¿Por qué el autor usó ilustraciones, en lugar de texto escrito, para dar información sobre _____?

El autor usó un mapa (una fotografía, un dibujo, un diagrama, un corte transversal) en lugar de texto escrito porque _____.

Ficción (Fiction)

Personaje (Character)

¿Qué opinas de este personaje? ¿Por qué piensas así?

¿Qué sabes acerca del personaje a partir de su forma de pensar o de comportarse?

¿Qué te dicen las decisiones del personaje acerca de él?

¿Qué valores representa el personaje?

¿Qué quiere en realidad el personaje principal?

¿Qué crees que este personaje quiso decir en realidad con eso?

¿Qué crees que este personaje hará?

¿Por qué el personaje principal quiere _____?

¿Qué lecciones aprende el personaje principal?

¿Por qué el personaje principal _____?

¿Hay personajes poderosos (débiles, manipuladores) en el cuento? ¿Qué los hace ser así?

Este personaje no suele actuar (hablar) así. ¿Qué motivo podría esconderse detrás de sus acciones (palabras)?

Eso fue lo que _____ (personaje) dijo. ¿Qué quiso decir en realidad?

¿Cómo sabes que _____ (personaje) ha cambiado?

Piensa en lo que _____(personaje) dijo y en lo que eso te hace pensar de él (el aspecto del personaje, lo que el personaje hizo, lo que otros dicen o piensan de él).

Trama (Plot)

¿De qué trata este cuento en realidad?

¿Qué sucesos del cuento no están escritos en el texto y, sin embargo, es posible interpretar que ocurrieron cuando se lee entre líneas?

¿Qué puedes inferir sobre el conflicto en el cuento?

¿Qué puedes inferir sobre la resolución?

¿Qué puedes inferir sobre el final o sobre el desenlace del cuento?

Ambiente (Setting)

¿Cómo describirías el ambiente?

Visualiza el ambiente. ¿Por qué lo imaginas así?

¿Qué cosas sabes ya sobre este lugar o esta época?

¿De qué manera el ambiente sostiene la atmósfera o el tono del cuento?

¿Por qué crees que el autor eligió este ambiente?

¿Qué puedes inferir sobre las razones que llevaron al autor a elegir este ambiente y esta época?

¿En qué momentos el autor se refiere de forma clara o explícita al ambiente? ¿Y de forma no muy clara o implícita? Da ejemplos.

¿En qué sería diferente el cuento si estuviera situado en otro ambiente o en otra época?

Idea central (Theme)

¿De qué trata el libro en realidad?

¿Cuál es el principal mensaje (explícito, implícito) de este libro?

¿Qué relación (conexión) hay entre este objeto cotidiano y la idea importante del cuento?

¿Qué representaba (simbolizaba) el objeto?

¿Cuál es el mensaje del autor? (Puede haber más de uno).

¿Qué mensaje comunica el escritor?

¿Cuáles son las ideas en las que el autor quiere hacerte pensar?

¿Cuáles eran las ideas importantes?

¿Qué intentaba decir el autor en realidad?

¿Qué importancia tiene el tema (mensaje)?

Habilidad (Craft)

¿Cuál es la atmósfera o el tono del cuento?

¿Por qué crees que el autor decidió no expresar algunas cosas de forma implícita?

Use language that helps readers use what they know to help them understand new texts.

General (General)

Piensa en lo que ya sabes acerca de _____. ¿Cómo te ayuda eso para comprender mejor este libro (relato, párrafo)?

¿Qué sabes sobre _____?

¿Qué te recuerda esto?

Este libro me recuerda _____. ¿Puedes explicar por qué?

¿Este relato está organizado de forma similar a algún otro relato que hayas leído?

¿Qué conocimientos que ya tenías te ayudan a pensar en _____?

¿Has leído sobre otros lugares (personajes, problemas) parecidos a éste?

¿Conoces un lugar parecido a éste?

¿Por qué ese libro (personaje, género, lugar) te ayuda a pensar en este libro (personaje, género, lugar)?

¿Qué sabes acerca de esta época (lugar, personaje, situación)?

¿En algún momento sentiste que eras parte de los sucesos que se relataban? ¿O sentiste que eras un espectador o un observador?

TEACH: *Puedes pensar en lo que ya sabes sobre esta materia (personaje, ambiente, idea central, autor, género) para ayudarte a comprender este libro.*

PROMPT: *Piensa en lo que ya sabes para ayudarte a comprender este libro.*

REINFORCE: *Pensaste en lo que ya sabías para ayudarte a comprender este libro.*

Personal (Personal)

¿Cómo te hace sentir este relato?

¿Alguna vez has vivido experiencias similares?

¿Qué partes de este relato te hacen pensar sobre tu propia vida?

¿Por qué este libro hace que tu interés por la lectura aumente?

¿En qué cosas pensaste cuando leíste el libro?

¿Qué fue lo que te interesó de este libro?

¿Qué sabes ya sobre este asunto (tema)?

¿Por qué aprender sobre este tema podría ser importante?

¿De qué manera podrás usar lo que aprendiste?

¿Qué te parece lo que el autor dijo (argumentó)?

¿Qué experiencias personales te ayudaron a comprender este tema?

¿Este texto te dio información que te resulta útil para la vida?

¿Qué sabes ya sobre el tema (idea, problema, asunto)?

¿Qué te recuerda (qué significa para ti) este tema (término, concepto, frase, oración)?

¿En qué te hizo pensar este libro?

¿Hay algún personaje que te recuerde a alguien que conoces?

¿Te recordó a algo relacionado con tu propia vida?

¿De qué manera la información contenida en este libro se relaciona con lo que tú ya sabes?

¿Este libro te hizo pensar de otra forma acerca de tu vida?

¿Alguna vez te pasó algo similar a lo que ocurrió en el relato?

¿El autor provocó alguna emoción en ti? ¿Te hizo reír o llorar?

Textual (Textual)

¿Qué comparación puedes hacer entre este relato y _____ (otro libro que hayas leído)?

¿Qué comparación puedes hacer entre este libro y otros libros sobre la misma materia?

¿Qué comparación puedes hacer entre este libro y otros libros escritos (ilustrados) por el mismo autor (ilustrador)?

¿Qué comparación puedes hacer entre este libro y otros libros del mismo género?

¿Qué relación hay entre estos textos?

Si tuvieras que ordenar estos libros en secuencia, ¿en qué orden los pondrías?

¿Qué otros textos pondrías junto con éstos? (Ten en cuenta diferentes géneros).

Éste es un _____ (género del libro), al igual que _____.

¿Qué diferencia hay entre la forma en que este autor escribió sobre el tema y la forma en que lo hizo _____?

¿Por qué crees que los dos libros te dieron información diferente sobre el mismo tema?

¿Qué aspectos de este libro te recuerdan a otros libros que has leído?

¿Qué pasaría si el relato estuviera escrito como un poema?

¿Cómo cambiaría el relato si estuviera escrito como una ficción histórica (ficción realista)?

¿En qué se parece este libro a otros libros que has leído del mismo género?

¿Qué dicen otras fuentes de información sobre estos sucesos, personajes, y asuntos?

¿Conoces otras obras de este autor? ¿Una serie? ¿Una continuación? ¿Una autobiografía? ¿Un libro ilustrado? ¿Has leído alguna de esas obras? ¿Encuentras patrones en las cosas sobre las que el autor escribe (en lo que sucede en sus relatos, en los personajes, en el estilo de escritura)?

Textual *(continuación)*

¿A qué edad aproximadamente el lector puede disfrutar más de este relato?

¿En qué aspectos este relato se parece a cualquiera de los otros relatos que conoces?

¿En qué se parecen los personajes (ambiente, problema) a los de otros cuentos que has leído?

¿Este relato está organizado de forma similar a algún otro relato que has leído?

¿Has leído otros libros similares a éste?

Contextual (World)

¿Por qué aprender sobre este tema podría ser importante?

¿De qué manera podrás usar lo que aprendiste?

¿De qué manera tus conocimientos sobre este tema (género) te ayudaron a comprender más fácilmente lo que estaba sucediendo en el libro?

En este libro, ¿qué aprendiste sobre la vida (diferentes lugares, historia, ciencia, religión)?

¿Qué pasaría si este relato fuera escrito ahora en la actualidad?

¿Qué sabes ya sobre el tema (idea, problema, asunto)?

¿Qué mensaje te dejó este libro?

No ficción (Nonfiction)

Organización/Tema (Organization/Topic)

¿Por qué aprender sobre este tema podría ser importante?

¿De qué manera podrás usar lo que aprendiste?

¿De qué manera tus conocimientos sobre este tema te ayudaron a comprender más fácilmente lo que estaba sucediendo en el libro?

¿Qué sabes ya sobre el tema (idea, problema, asunto)?

¿Qué experiencias personales te sirvieron de ayuda para comprender este tema?

¿Este texto te da información que te resulta útil para la vida?

¿Este texto está organizado de forma similar a algún otro texto que has leído?

¿Te resulta familiar la organización del texto?

¿En qué se parece (se diferencia) la organización de este libro a la de otros libros que has leído del mismo género?

¿De qué manera la organización y la presentación de las ideas te ayudan a comprender la información?

Si tuvieras que ordenar estos textos en secuencia, ¿en qué orden los pondrías?

Estilo/Tono (Style/Tone)

¿Has leído otros libros de este autor? ¿Se parece en algo este libro a los demás?

¿Con qué palabras o frases (ideas) usadas por el autor te identificas?

¿Qué palabras o frases (ideas) usadas por el autor despertaron tu interés en el tema?

¿Qué te recuerda (qué significa para ti) este término (frase, oración)?

¿Qué diferencia hay entre la forma en que este autor presenta la información sobre el tema y la forma en que lo hace otro autor?

Exactitud (Accuracy)

¿Qué sabes sobre la experiencia profesional del autor?

¿De qué manera tus conocimientos sobre la materia te ayudan a juzgar la exactitud del libro?

¿Qué dicen otras fuentes de información sobre estos sucesos (personajes, asuntos)?

Ilustraciones/Gráficas (Illustrations/Graphics)

¿Qué te recordaron las ilustraciones (gráficas)?

¿Qué comparación puedes hacer entre las ilustraciones (gráficas) de este texto y las de otros libros que has leído sobre la misma materia?

¿Qué comparación puedes hacer entre las ilustraciones (gráficas) de este texto y las de otros libros del mismo autor?

Ficción (Fiction)

Personaje (Character)

¿Te identificas con algún personaje del cuento?

¿Te identificas con los desafíos (problemas) que el personaje enfrentó?
¿En qué sentido?

¿Qué semejanzas o qué diferencias hay entre el personaje y tú?

¿Alguna vez has hecho algunas de las cosas que los personajes hicieron, o te
has sentido como ellos se sintieron?

¿Qué problemas enfrentados por el personaje son similares a los problemas
que tú has enfrentado?

¿Qué valores y opiniones tienes en común con el personaje?

¿Te gustaría ser como este personaje?

¿Qué impacto ha causado en ti el personaje?

Ponte en el lugar de _____. ¿Qué piensas (sientes, deseas) ahora?

¿Te sientes conectado con _____? ¿En qué sentido?

¿Quién te gustó más? ¿Por qué?

¿Qué personaje te enseñó más? ¿Qué te enseñó?

¿Este personaje se parece a algún otro personaje sobre el que has leído?

Piensa en otro personaje de un libro que hayas leído que sea así.

¿Conoces a alguien que sea como este personaje?

¿Con qué personaje del libro sentiste una conexión? ¿Sabes por qué?

Trama (Plot)

¿Te identificas con lo que pasó en este cuento? ¿En qué sentido?

¿Qué experiencias similares a las del cuento has vivido?

¿En qué sentido lo que pasó en este cuento te recordó algo de tu propia
vida?

Trama (Plot) *(continuación)*

¿Qué semejanzas y qué diferencias ves entre los sucesos de este cuento y los sucesos de tu propia vida?

¿Qué comparación puedes hacer entre los sucesos de este libro y los de otros libros que has leído?

¿Esta trama es similar a las tramas de otros libros que has leído?

Este cuento se parece a _____.

¿Qué te recuerda este cuento?

Ambiente (Setting)

¿Te pareció familiar este ambiente? ¿Por qué?

¿En qué se parece este ambiente al lugar donde tú vives? ¿En qué se diferencia?

¿Qué otros cuentos situados en un ambiente similar has leído? ¿En qué son iguales los ambientes?

_____ ocurrió en este mismo lugar.

¿En qué se parecen estos dos libros?

¿Qué sabes acerca de este lugar (época)?

¿Qué te recuerda el ambiente de este libro?

¿Qué conexiones personales sentiste con el ambiente?

Idea central (Theme)

En este libro estoy aprendiendo la misma lección que en _____.

Las ideas centrales de este libro me recuerdan _____.

¿Qué semejanzas y qué diferencias ves entre las ideas centrales de este libro y las de otros libros del mismo género (del mismo autor)?

¿En qué aspectos este cuento es similar a otros que has leído del mismo género (del mismo autor, con el mismo personaje)?

¿Por qué las ideas importantes de este libro te recuerdan a la vida real?

Idea central (Theme) *(continuación)*

¿Qué comparación puedes hacer entre las ideas importantes de este cuento y las de otro libro del mismo autor?

¿Qué conexiones personales puedes establecer con las ideas principales de este libro?

¿En qué aspectos de tu propia vida te hace pensar el mensaje del autor?

¿Qué mensajes hay en este libro para ti? ¿Y para los demás?

Habilidad (Craft)

Este autor siempre _____.

¿Qué reconoces en el estilo de escritura de este autor?

¿La forma en que este libro está escrito te recuerda a otros libros que has leído? ¿En qué aspectos?

Reconozco estas ilustraciones por _____.

Este cuento tiene un _____ (recurso literario, p. ej. una escena del pasado), al igual que _____.

El lenguaje usado por el escritor me recuerda _____.

El tono de este libro es _____ (gracioso, triste, de enojo), al igual que en _____.

Use language that helps the reader adjust present understandings to accommodate new knowledge.

General (General)

¿Cuál era el mensaje (punto de vista) del escritor?

¿De qué trata el relato en realidad?

¿Qué mensaje sobre la vida enseña este libro? (Puede haber más de uno).

¿Qué información fue nueva para ti?

¿Qué sabes sobre este tema después de leer este material?

¿Qué pruebas apoyan lo que piensas sobre las ideas importantes?

Piensa en las cosas nuevas (interesantes, sorprendentes, atemorizadoras) que has aprendido.

¿Qué diferencia hay entre lo que aprendiste y lo que creías antes?

¿De qué manera cambió tu forma de pensar?

¿En qué sentido ha cambiado tu comprensión del tema?

¿Qué era lo importante para el escritor?

¿Qué aprendiste?

Piensa en cómo ha cambiado tu comprensión de _____.

¿De qué manera esto cambió tu forma de pensar sobre _____?

¿Qué puedes aprender sobre el género leyendo esta obra? ¿En qué se parece a lo que ya sabías?

¿Por qué aprender sobre este tema podría ser importante?

¿De qué manera podrás usar lo que aprendiste al leer este género?

TEACH: *Debes pensar en cómo ha cambiado tu comprensión de _____. (Demonstrate.)*

PROMPT: *¿De qué manera cambió tu forma de pensar?*

REINFORCE: *Tu forma de pensar es diferente ahora.*

No ficción (Nonfiction)

Organización/Tema (Organization/Topic)

¿Qué sabías ya sobre este tema?

¿Qué información fue nueva para ti?

¿Qué sabes sobre este tema después de leer este material?

¿Cuál es el mensaje del autor? (Puede haber más de uno).

¿Qué evidencia apoya lo que piensas sobre el mensaje del autor?

¿De qué manera cambió tu forma de pensar?

¿En qué sentido ha cambiado tu comprensión del tema?

¿Por qué aprender sobre este tema podría ser importante?

Estilo/Tono (Style/Tone)

¿Qué era lo importante para el escritor? ¿Cómo lo sabes?

¿Qué puedes aprender sobre el género leyendo esta obra? ¿En qué sentido esto se parece a lo que ya sabías?

¿En qué sentido la forma en que el escritor presenta la materia se parece a lo que ya sabías?

¿Qué palabras específicas del autor hicieron que cambiaras tu forma de pensar sobre la materia?

Exactitud (Accuracy)

¿De qué manera la exactitud o la autenticidad del texto cambiaron tu forma de pensar sobre la materia o las ideas?

¿Qué detalles de apoyo presentados por el autor cambiaron tu forma de pensar?

Ilustraciones/Gráficas (Illustrations/Graphics)

¿Qué información nueva obtuviste de las ilustraciones (gráficas)?

¿Qué sabes sobre este tema después de observar las ilustraciones?

¿De qué manera las ilustraciones mejoran tu comprensión del tema?

Ficción (Fiction)

Personaje (Character)

¿Qué impacto ha causado en ti el personaje?

Después de aprender sobre el personaje, ¿cómo cambió tu forma de pensar?

¿Los deseos del personaje se parecen a lo que tú sabes sobre su personalidad?

¿El personaje tomó decisiones o hizo elecciones con las que tú estuviste de acuerdo? ¿Y en desacuerdo?

¿Qué lecciones aprende el personaje principal? ¿Qué aprendiste tú de eso?

¿De qué otra manera podría haber actuado el personaje? ¿Qué hubieras hecho diferente tú?

¿Pudiste comprender mejor los sucesos al observarlos a través de los ojos de los personajes?

Trama (Plot)

¿Qué aprendiste de lo que pasó en este cuento?

¿De qué manera cambió tu forma de pensar como resultado de lo que aprendiste del cuento?

¿Qué nueva forma de ver las cosas tienes ahora? ¿Qué pasó en el cuento que cambió tu forma de pensar?

¿Qué diferencia hay entre lo que pasó en el cuento y las predicciones que hiciste?

¿Qué ideas se te ocurren al pensar en lo que pasó en este cuento?

Ambiente (Setting)

Si el ambiente fuera otro, ¿qué lecciones diferentes enseñaría este cuento?

¿Qué información nueva aprendiste a partir del ambiente o de la época?

¿Qué diferencia hay entre esta información y lo que pensabas antes?

¿De qué manera cambió tu forma de pensar acerca de este lugar o esta época en particular?

Idea central (Theme)

¿Cuál era el mensaje del autor? (Puede haber más de uno).

¿De qué trata el cuento en realidad?

¿Qué mensaje sobre la vida enseña este cuento?

Después de leer este material, ¿qué sabes sobre este tema?

¿Qué evidencia apoya lo que piensas sobre las ideas importantes?

¿Por qué aprender sobre este tema podría ser importante?

¿Ha cambiado en algo tu forma de pensar sobre la idea principal del cuento?

Use language that helps the reader notice aspects of the writer's craft and text structure.

General (General)

¿Qué observaste acerca de la forma en que el autor escribió el relato?

¿De qué manera el escritor organizó la información (según el tiempo o según la lógica)?

¿Qué observaste acerca de la forma en que el escritor usó el lenguaje (palabras)?

¿Qué hizo el escritor para interesarte en el relato (tema)?

¿Cuál fue el propósito del escritor al escribir el libro?

¿En qué aspectos sería diferente el cuento (ficción realista) si fuera una ficción histórica?

¿Quiénes son los personajes importantes (los personajes menos importantes)?

¿Cuál es el problema y de qué manera se soluciona?

¿Qué observaste que el escritor hace? ¿Por qué hace eso? ¿Has visto a otro escritor hacer lo mismo?

¿Qué hizo el escritor para lograr que el personaje (tema, trama, ambiente) fuera interesante?

¿Qué hizo el escritor para que la información resultara interesante?

¿Qué parte del cuento probablemente es real y qué parte es imaginada?

¿Qué sabes tú acerca de este tipo de libro (género)? ¿Eso te ayuda a saber lo que puedes esperar?

¿De qué manera el género te ayuda a pensar en qué puedes esperar del libro?

¿Qué observas acerca del género?

¿Por qué crees que el escritor eligió este género?

¿Cuáles son las tres ideas más importantes de este libro? (No ficción)

¿Qué quiere el autor que tú sepas sobre _____? (No ficción)

¿Por qué crees que el autor eligió esta organización para las ideas que quiere comunicar? (No ficción)

¿Este texto relata una historia? ¿Podría ser una obra de no ficción narrativa?

TEACH: *Puedes pensar en la forma en que el autor escribió el relato (u organizó la información). (Demonstrate.)*

PROMPT: *¿Qué observas acerca de la forma en que el autor escribió el relato (u organizó la información)?*

REINFORCE: *Te fijaste en la forma en que el autor escribió el relato (u organizó la información).*

No ficción (Nonfiction)

Organización/Tema (Organization/Topic)

¿Por qué el autor pensó que esta materia era importante?

¿Por qué motivo crees que el autor escribió sobre el tema?

¿Cuáles son algunas de las ideas más importantes?

¿Qué quiere el autor que tú sepas sobre _____?

¿De qué manera el autor organiza e identifica la información?

¿Por qué crees que el autor eligió esta organización para las ideas que quiere comunicar?

¿Qué tipo de estructura u organización usó el autor para escribir sus memorias (biografía, autobiografía)? ¿Cómo lo hizo?

¿De qué manera está organizada la información (comparar/contrastar, problema/solución, causa/efecto, descripción, ordenar en secuencia)?

¿El escritor describió un problema (y la solución)?

¿El escritor habló sobre algo que sucede siguiendo una secuencia (orden)?

¿El escritor explicó la causa de algo?

¿De qué manera están presentadas en el texto las causas o las consecuencias de los sucesos?

¿El escritor comparó (y contrastó) algo?

¿Qué comparación hace el autor entre _____ (una idea, lugar, especie, etc.) y _____?

Estilo/Tono (Style/Tone)

¿De qué manera el escritor ha dado más importancia a cierta información (colocándola al comienzo, dedicándole la mayor cantidad de espacio, usando palabras específicas)?

¿A qué público crees que se dirige el escritor?

¿De qué manera usó el lenguaje el escritor para hacerte sentir de una cierta forma acerca del tema?

Estilo/Tono (Style/Tone) *(continuación)*

Qué observas acerca de la forma en que este libro está escrito?

¿Qué diferencia hay entre la forma en que este autor escribió sobre el tema y la forma en que lo hizo _____?

¿De qué manera el autor usa palabras (*primero, segundo, después, por último*) y frases (*por un lado, por otro lado*) para ayudarte a comprender la información?

¿Encuentras patrones en las cosas sobre las que el autor escribe o en su estilo de escritura?

¿Qué comparación puedes hacer entre el estilo y el tono de este libro y los de otros libros sobre la misma materia?

¿Qué comparación puedes hacer entre el estilo y el tono de este libro y los de otros libros del mismo autor?

¿Qué palabras usó el escritor para ayudar a lograr una conexión entre tus sentimientos y el tema?

¿Qué palabras usadas por el escritor hicieron que el tema te resultara más interesante?

Exactitud (Accuracy)

¿Se presentan diferentes puntos de vista?

¿Qué crees que el escritor tuvo que hacer para escribir este libro?

¿Qué te hacen pensar sobre la exactitud del libro la información del autor, la fecha, y el propósito?

¿Se mantiene en todo el libro la coherencia de los datos presentados?

¿El escritor omitió información importante?

¿El escritor fue objetivo en su presentación de la información y de las ideas?

¿Desde qué perspectiva está escrito el texto? ¿De qué manera influyó esa perspectiva al decidir la información que se incluiría y la que se omitiría?

¿Desde qué ángulo el autor presenta el tema?

Exactitud (Accuracy) *(continuación)*

¿Por qué crees que los dos libros proporcionan diferente información sobre el mismo tema?

Ilustraciones/Gráficas (Illustrations/Graphics)

¿Cuáles son algunas de las decisiones que el ilustrador tomó?

¿De qué manera las ilustraciones complementan o apoyan el mensaje del texto?

¿De qué manera las gráficas complementan o apoyan el mensaje del texto?

Ficción (Fiction)

Personaje (Character)

¿De qué manera el autor describe al personaje?

¿Qué cualidades admirables tiene el personaje? ¿De qué manera las muestra el autor?

¿El personaje es presentado de una forma inusual?

¿El personaje es presentado de forma realista (con las virtudes y los defectos propios del ser humano)?

¿Qué técnicas usa el escritor para dar a conocer al personaje (nombre, descripción, acciones, pensamientos y habla, estilo del lenguaje, elección del vocabulario, comentarios de otros personajes)?

¿De qué manera el autor (ilustrador) da a conocer al personaje (lo que el personaje hace, piensa o dice, o lo que otros dicen acerca del personaje)?

¿Qué está tratando de hacer el personaje (motivo)?

¿De qué manera el lenguaje del personaje muestra su personalidad?

¿Por qué la personalidad del personaje causa problemas?

¿Los deseos del personaje están relacionados con lo que tú sabes sobre su personalidad?

¿Cuáles fueron las acciones del personaje? ¿Qué clase de personaje haría eso?

¿Qué revelan las acciones del personaje acerca de ella?

¿Qué revelan las relaciones del personaje acerca de ella?

¿Qué revela el nombre del personaje acerca de ella?

¿Qué cambios se están produciendo en el personaje?

¿Este libro muestra al personaje principal iniciando un camino de conocimiento interior?

¿De qué manera las acciones de los personajes afectan a otras personas del cuento?

¿Qué desafíos enfrentan los personajes y cómo los superan?

¿Qué quiere el personaje? ¿Qué necesita ella?

Personaje (Character) *(continuación)*

¿Qué peligros, problemas o conflictos enfrenta el personaje?

¿Por qué crees que el personaje actúa de esta forma?

¿Qué objetos son importantes para este personaje? ¿Qué te dice eso acerca del personaje?

¿De qué otra manera podría haber actuado _____?

¿Qué opciones tuvo _____?

¿En qué momento _____ actuó de forma diferente de lo que se espera del personaje?

¿Qué revelan las acciones de _____ acerca de este personaje?

¿Por qué el autor decidió hacer que el personaje repitiera la misma acción? ¿Qué significado tendrá eso?

¿De qué manera el autor da a conocer a los personajes (a través de la narración, las conversaciones, los pensamientos de los demás, los pensamientos del personaje, las acciones, el nombre, la descripción, el estilo del lenguaje, la elección del vocabulario)?

¿Qué papel desempeñaron en el cuento los personajes secundarios?

¿En qué forma sería diferente el cuento si ellos no intervinieran?

¿Qué personajes cambiaron y cuáles no? ¿Son importantes para el cuento los cambios que se producen en los personajes?

¿Qué personaje desempeña un papel pequeño en el cuento? ¿Por qué es necesario este personaje?

¿Qué aprendiste de uno de los personajes del cuento?

¿Habría sido diferente el cuento si no se hubiera incluido a algún personaje en particular?

¿Qué personaje no te gustó? ¿Hubo algún personaje que te decepcionó?

¿Qué opinión tenían los personajes unos de los otros?

¿Había personajes que no fueron descritos en profundidad, pero que quizás eran importantes para el cuento?

Personaje (Character) *(continuación)*

¿Los personajes te recordaron a personas conocidas de la televisión o del cine?

¿Cómo están presentados los personajes pertenecientes a las minorías?

¿Hay ejemplos de estereotipos o de integración simbólica?

¿Hay personajes femeninos fuertes e independientes?

¿Hay una variedad de personajes masculinos (no sólo estereotipos)?

¿Podría narrarse este cuento si los papeles masculinos y femeninos se invirtieran?

¿Las relaciones familiares están presentadas en forma de estereotipos?

¿Qué voces están ausentes, silenciadas, o ignoradas?

¿Cuáles son los personajes del texto que parecen tener todo el poder?

¿Quién tiene una posición dominante (poder)?

¿Cuáles son algunas muestras del poder del personaje?

¿Quién desafía el poder del personaje?

¿La historia de qué personaje cuenta el libro en realidad?

¿Fue inesperada la forma de describir a algún personaje o de dar a conocer algún suceso?

¿Cómo es el mundo para las personas de este texto?

¿Cuáles son algunos de los obstáculos que podría encontrar el personaje para lograr lo que desea?

¿Qué cualidades internas permiten al personaje enfrentar sus desafíos o alcanzar sus metas?

¿De qué recursos externos hace uso el personaje para enfrentar sus desafíos o alcanzar sus metas?

¿Los pensamientos del personaje muestran un conflicto interno (ve las dos caras de un problema o no sabe lo que hacer acerca de algo)? ¿Cómo lo sabes?

¿De qué manera los sentimientos del personaje se revelan en sus diálogos?

¿De qué manera los sentimientos del personaje se revelan en sus pensamientos?

Personaje (Character) *(continuación)*

¿De qué manera los sentimientos del personaje se revelan en las decisiones que toma?

Trama (Plot)

¿Había más de un problema en el cuento?

¿De qué manera los sucesos y las acciones del cuento crean tensión?

¿Cuánto tiempo transcurre en el cuento?

¿Qué punto conflictivo o momento decisivo hace que el cuento sea interesante?

¿En qué momento decidiste que debías continuar leyendo el cuento sin parar hasta el final? ¿Por qué?

¿De qué manera el autor empezó el cuento para atraer al lector?

¿Cuál es el problema que se plantea en el cuento? ¿Cómo creíste que se solucionaría?

¿Cuál es la parte (escena) más importante del cuento?

¿Qué pistas dio el autor para permitir que el lector pudiera predecir el final?

¿Te enteraste de los sucesos en el mismo orden cronológico en que sucedieron?

¿Hubo cambios abruptos en el orden cronológico de la trama (avances en el tiempo, escenas del pasado)? ¿Se presentaron dos cuentos a la vez?

¿Hubo giros inesperados en el cuento que te sorprendieron?

¿Por qué crees que el autor decidió comunicar cierta información importante de la trama de forma implícita y no de forma explícita?

¿Es posible identificar un punto culminante en el cuento?

¿Cuál es el momento decisivo del cuento?

¿Fue satisfactorio el final?

¿Fue previsible el final?

Ambiente (Setting)

¿El ambiente era real o imaginario?

¿El ambiente era sólo un telón de fondo, o era significativo para el cuento?

¿Cómo cambiaría el cuento si ocurriera en otra época y en otro lugar?

¿De qué manera el ambiente influye en la acción, en los personajes, o en el tema?

¿El cuento trasciende el ambiente y tiene un significado universal?

¿De qué manera el autor controla el paso del tiempo?

¿Qué hace el autor para indicar el tiempo en el cuento?

¿De qué manera el autor revela el ambiente donde transcurre el cuento?

¿De qué manera el autor revela la época en que transcurre el cuento?

¿El ambiente parece auténtico? ¿Por qué?

¿Qué palabras te ayudan a imaginar el ambiente?

¿Qué sonidos, aromas, imágenes, sensaciones, o sabores hacen que el ambiente (o esta escena) parezca real?

Idea central (Theme)

¿De qué manera los sucesos (personajes, ambiente) del cuento ayudan a transmitir las ideas importantes?

¿Qué lenguaje o descripciones usa el escritor para revelar las ideas importantes?

¿Qué crees que la autora quiso dar a entender cuando dijo _____?

¿Qué comparación puedes hacer entre este libro y otro libro con una idea central similar?

Habilidad (Craft)

¿Qué pistas te dan el título y las ilustraciones?

¿Por qué el título es apropiado?

¿Por qué el autor eligió ese comienzo?

Habilidad (Craft) *(continuación)*

Habla sobre el "gancho" (la forma en que el autor empezó el cuento). ¿Por qué el gancho hizo que quisieras continuar leyendo el cuento?

¿Qué puntuación interesante ha usado el escritor en este texto? ¿De qué manera la puntuación apoya el significado y la sonoridad del texto?

¿Qué partes del texto tienen una sonoridad agradable? ¿Qué hizo el escritor en esas partes?

¿Hay algún objeto (nombre, lugar) del libro que sea muy importante? ¿Por qué?

¿Por qué el autor decidió usar letra bastardilla (usar ilustraciones y gráficas, usar el verso libre)?

¿Por qué el autor pensó que esta materia era importante?

¿Por qué crees que el autor escribió este cuento?

¿Hay diferentes puntos de vista en el cuento?

¿Cuáles son algunas de las ideas más importantes?

¿Qué quiere el autor que tú sepas?

¿Puedes señalar las partes del cuento en las que el autor _____?

¿Te diste cuenta de si el autor repitió algunas cosas (diálogo, metáfora, acciones, objetos) a propósito?

¿Por qué crees que el autor eligió esta organización para las ideas que quiere comunicar?

¿Hasta qué punto el autor logró comunicar eficazmente su punto de vista?

¿Qué observas acerca del estilo de escritura del autor?

¿Puedes señalar una cita o un párrafo que muestre el estilo de escritura del escritor?

¿Qué tipo de estructura o de organización del cuento usó el escritor? ¿De qué manera hizo eso?

¿Qué lenguaje (palabras) usó el autor para mostrar algo familiar de una forma que no resulta familiar?

Habilidad (Craft) *(continuación)*

¿Qué tipo de palabras y de lenguaje usó el escritor? ¿De qué manera hizo eso?

¿Qué palabras usa el escritor para crear la atmósfera o el tono?

¿Qué palabras se usaron para crear sentimientos o imágenes en tu mente?

Describe la voz del escritor (rápida, lenta, reflexiva).

¿Qué tipo de voz usó el autor? ¿De qué manera hizo eso?

¿Desde qué perspectiva está escrito el texto? ¿De qué manera influyó esa perspectiva al decidir la información que se incluiría y la que se omitiría?

¿Cambia la perspectiva?

¿Cuál es la voz del narrador que el autor eligió: primera persona, tercera persona, un narrador oral, una voz anónima, una voz diferente o el propio autor como sí mismo?

¿De qué manera el autor te hace sentir como si estuvieras dentro del cuento?

¿De qué manera el autor usa motivos recurrentes o símbolos para reforzar el significado?

¿El estilo es directo o figurado?

¿Cómo logró crear una atmósfera el autor? ¿La impresión general es de misterio (melancolía, maldad, alegría, seguridad)?

¿El punto de vista limita el horizonte del lector o lo amplía?

Para un texto con múltiples narradores: ¿En qué se diferenciaban las perspectivas (voces)? ¿Por qué oír varias voces te ayudó a comprender mejor el cuento?

Use language that helps the reader evaluate the quality of the text.

General (General)

¿Qué te pareció el relato?

¿Qué tan actualizada es la información sobre el tema?

Observa y evalúa la calidad de la redacción.

¿Hasta qué punto la información es creíble?

¿Qué opinas del relato (tema) ahora? ¿Qué opinabas cuando empezaste a leerlo?

¿Qué puede lograr este tipo (género) de relato (libro) que otros tipos de libros (géneros) no pueden lograr?

¿Hasta qué punto el escritor logró tratar diversos puntos de vista sobre el tema?

¿Para quiénes escribe este relato el autor?

¿Cuál es su punto de vista?

¿El relato (libro) muestra una imagen desfavorable de algún grupo de personas en particular (perpetúa estereotipos racistas o de género)?

¿Qué tan capacitado estaba el escritor para informarnos sobre el tema?

¿Por qué razón alguien querría escribir este relato (libro, artículo, poema)?

¿Qué tan objetivo fue el escritor al hablar sobre el tema?

¿Qué aspectos hacen que ésta sea una buena biografía (libro informativo, cuento de ficción histórica, otro género)?

¿Qué te pareció más confuso o difícil? ¿Por qué?

¿Qué te pareció más interesante? ¿Por qué?

¿En qué sentido la información contenida en este texto se parece a lo que tú ya sabes?

¿Qué experiencias personales te sirvieron de ayuda para comprender este tema?

Si tú hubieras sido el autor, ¿habrías terminado el texto de otra manera?

TEACH: *Puedes observar y evaluar la calidad de la redacción. (Demonstrate.)*

PROMPT: *¿Qué te pareció la calidad de la redacción?*

REINFORCE: *Pensaste en las características que debe tener una buena redacción.*

No ficción (Nonfiction)

Organización/Tema (Organization/Topic)

¿La organización y la estructura del libro ayudan a transmitir la información claramente?

¿La organización de la información es la apropiada para el propósito de este libro?

¿Por qué esta estructura en particular es una buena opción para este tema?

¿La idea principal y los detalles de apoyo están presentados claramente?

¿Qué preguntas tienes todavía sobre el tema?

Estilo/Tono (Style/Tone)

¿Hasta qué punto el escritor logra transmitir eficazmente la información?

¿El escritor usa un lenguaje que transmite la información claramente?

¿El escritor usa un lenguaje que aumenta tu interés?

¿El escritor usa un lenguaje descriptivo que revela una perspectiva?

¿El punto de vista desde el que se presenta el relato es apropiado para el propósito del libro?

Exactitud (Accuracy)

¿Qué aptitudes tiene el autor para escribir este libro?

¿La información es exacta, coherente e imparcial? ¿Por qué?

¿Cuál es la fuente de la información? ¿Es confiable? ¿Es auténtica?

¿Desde qué perspectiva se narra la historia o la biografía? ¿Hay otras perspectivas?

¿El autor evita caer en contradicciones o distorsiones de los datos?

¿Se presentan o se mencionan diferentes puntos de vista sobre los asuntos tratados?

Exactitud (Accuracy) *(continuación)*

¿Qué dice el autor que te hace dudar de la exactitud de la información?

¿Cómo sabes que la información es exacta?

¿Los datos son consistentes en toda la historia? ¿Qué tan actualizada es la información sobre el tema?

¿El escritor logró presentar eficazmente diversos puntos de vista sobre el tema?

¿Qué información importante no se incluyó?

Ilustraciones/Gráficas (Illustrations/Graphics)

¿Las ilustraciones (elementos del texto) ayudaron a facilitar tu comprensión del tema?

¿Son interesantes (atractivas, de buena calidad) las ilustraciones? ¿O son aburridas (de baja calidad)?

Ficción (Fiction)

Personaje (Character)

¿Son creíbles los personajes en su forma de hablar (sentir, actuar)?

¿Puedes ver las virtudes y los defectos de los personajes?

¿El autor evita los estereotipos?

¿Los personajes se comportan de acuerdo con su edad y su origen?

¿Hay un desarrollo o un crecimiento de los personajes?

¿El autor ha dado a conocer las causas que explican el comportamiento o el desarrollo de los personajes?

¿Los diálogos son naturales y adecuados para los personajes?

¿Tiene sentido la manera en que los personajes se relacionan entre sí?

¿El autor hace que sientas empatía por los personajes?

¿Te identificas con los personajes y con los sucesos que ocurren en su vida?

Trama (Plot)

¿Qué tan creíble es el cuento?

¿El autor tiene una buena historia para contar?

¿Hay acción? ¿Avanza el cuento?

¿La trama es original y fresca?

¿Los sucesos del cuento y sus desenlaces son creíbles y parecen de verdad?

¿La trama avanza de forma lógica hacia una conclusión?

¿El escritor expone causas y efectos creíbles en el cuento?

¿Está bien construida la trama?

¿El final es creíble y satisfactorio? ¿Por qué?

¿Hubo acciones o sucesos que parecieron desentonar o estar fuera de lugar?

Ambiente (Setting)

¿Son exactos los detalles del ambiente?

¿Fueron creíbles y auténticos los detalles relacionados con la época específica? (Ficción histórica)

Da un ejemplo de un detalle específico relacionado con el ambiente que te pareció auténtico (falso).

¿Qué detalles incluirías para hacer que el ambiente fuera más creíble?

Idea central (Theme)

¿Hasta qué punto el autor logra comunicar eficazmente el mensaje o la idea central del cuento?

¿La idea central surge naturalmente del cuento, o está expresada de una forma demasiado obvia?

¿La idea central predomina en el cuento?

¿La idea central permite conocer y comprender problemas tanto actuales como pasados?

Habilidad (Craft)

¿Por qué el título es apropiado?

¿Qué te gustó de este libro?

¿Qué cambiarías de este libro?

¿Qué aprendiste de este libro?

¿Quién crees que debería leer este libro?"

¿En qué partes del libro ves una redacción muy buena? ¿Qué hace que sea buena? ¿Cómo logró eso el escritor?

¿El estilo de redacción es apropiado para la materia?

¿De qué manera el escritor ha logrado que las ideas (información) sean imposibles de olvidar?

¿El autor evita moralizar?

¿Se incluyeron símiles o metáforas originales para enriquecer la redacción? ¿O sólo había clichés como "brillante como el sol"?

Habilidad (Craft) *(continuación)*

¿El punto de vista desde el que se presenta el cuento es apropiado para el propósito del libro?

¿El cuento es lo más exacto y auténtico posible?

¿El autor evita caer en contradicciones o distorsiones de los sucesos conocidos de la historia?

¿Los detalles del contexto son auténticos o acordes a la información exacta sobre la época?

¿El cuento refleja con exactitud el espíritu y los valores propios de la época?

¿Se presentan o se mencionan diferentes puntos de vista sobre los asuntos de la época?

¿El diálogo está construido para evocar una sensación acorde a la época sin parecer artificial? ¿Refleja tanto a los personajes como al ambiente?

¿Hasta qué punto el autor logra comunicar la atmósfera del cuento y su efecto en los personajes?

¿Hasta qué punto el autor logra usar eficazmente el lenguaje para atraer al lector?

¿El lenguaje de la narración es apropiado a la época? ¿El diálogo es adecuado al ambiente?

¿Las ilustraciones complementan o amplían lo que dice el cuento?

¿Las ilustraciones concuerdan con lo que dice el cuento?

¿Las imágenes son estéticamente agradables?

¿Crees que se omitieron algunas cosas (personas) en las ilustraciones que deberían haberse incluido? ¿Fue intencional o no?

¿Qué ha dicho el autor que te hace dudar de la exactitud de la información?

¿Los hechos reales están mezclados con la ficción de forma tal que el contexto queda subordinado (dependiente) al cuento?

¿Qué comparación puedes hacer entre este libro y otros libros sobre la misma materia?

¿Qué comparación puedes hacer entre este libro y otros libros escritos por el mismo autor?

¿El texto es un buen ejemplo de este género?

¿Crees que esto realmente podría haber sucedido?

Estímulos para las sesiones de lectura
(Prompts for Reading Conferences)

Use these prompts in individual conferences to support your students' book choices and reflections on their reading list in the reader's notebook.

Lista de lecturas (Reading List)

¿Qué clases o tipos de libros has leído?

¿Hay algún género que te atraiga más?

¿Crees que es necesario leer otros géneros?

¿Hay algún autor que te haya gustado mucho?

¿Hay algún autor del que te gustaría leer otros libros?

¿Cómo sabes si un libro es el indicado para ti?

¿Hay algún libro en particular que quieras leer después de éste?

¿Cuál era uno de tus libros favoritos de la lista? ¿Por qué estaba entre tus favoritos?

¿Hay algún tema en el que estés especialmente interesado?

¿Hay algún tema sobre el que disfrutarías leer?

¿Qué libros han influido más en tu forma de pensar?

¿Hay algún libro que crees que debería ser de "lectura obligatoria"?

¿Cuál es el próximo libro que tienes pensado leer?

¿Te gustaría consultar algunas listas de libros recomendados o reseñas de libros? (en Internet)

Elegir libros (Making Book Choices)

¿Cómo eliges los libros que lees?

Podría interesarte _____.

Para saber qué tal es un libro, puedes seguir estos pasos:

Mira la cubierta. ¿Te interesan el título, el tema y el género?

Lee el resumen que está en la contratapa o en la sobrecubierta. ¿Te parece interesante?

Lee la primera página. ¿Es interesante? ¿Es fácil de leer?

Lee la información sobre el autor. ¿Es un autor que te gusta?

Mira la tabla de contenidos. ¿Puedes predecir de qué tratará el libro?

Habla con algunas personas que hayan leído el libro. ¿Lo recomiendan?

Abre el libro por el medio y lee una página ¿Parece interesante?

Lee algunas reseñas y recomendaciones de libros. ¿Es muy recomendado este libro?

Reflexionar sobre el libro (Thinking About the Book)

¿Por qué decidiste leer esto?

¿En qué piensas cuando lees este libro?

¿Qué fue lo que te atrajo de este libro?

¿Dirías que este libro es tan apasionante que se lee de un tirón, o que es tan previsible que es fácil adivinar lo que sucederá a la vuelta de la página (sin originalidad)?

Parece que disfrutas mucho leyendo el libro. ¿Por qué es una buena lectura?

Estás pensando mucho sobre _____.

¿Qué comparación puedes hacer entre este libro y _____?

¿Qué elemento o parte del relato te hizo quedar boquiabierto (reír, preocupar, pensar mucho, sentir compasión por un personaje, sentir triste)?

¿Qué te resultó asombroso?

¿Qué idea importante te transmitió este libro?

¿Qué mensaje te dejó este libro?

¿Qué te parece la redacción?

¿Te gustaría leer más sobre este tema (género, autor)?

Estímulos para la discusión de libros
(Prompts for Book Discussions)

The following are prompts grouped according to purpose and can be used in a group discussion or in a reading conference.

Afianzar el razonamiento (Affirm Thinking)

Entiendo lo que dices.

Eso me ayuda a entender esto de otra forma.

No pensé en eso.

Ese razonamiento es interesante. No se me había ocurrido.

¡Bien pensado!

Estás pensando muy bien.

¡Qué buenas ideas tienes!

Ésa es otra forma de pensarlo.

Eso no lo había pensado. Déjame pensar un poco más.

Creo que tenemos dos explicaciones posibles.

Me hiciste pensar _____.

Entiendo por qué piensas eso.

Ayúdame a entender por qué piensas eso.

Estoy cambiando mi forma de pensar porque tú _____.

Me gusta cómo justificaste tu razonamiento con ejemplos de tu experiencia personal.

La conexión que estableciste con ese otro libro que leíste fue muy acertada.

¡Qué bien se están escuchando uno al otro!

Tu aporte complementa el comentario que hizo _____.

Expresar acuerdo/desacuerdo (Agree/Disagree)

Estoy de acuerdo, pero mira la página _____ cuando _____.

Estoy de acuerdo con lo que dices porque _____.

No estoy de acuerdo porque _____.

Ése es un punto de vista interesante, pero yo pensé _____.

Entiendo lo que dijiste, pero no estoy de acuerdo con que _____.

Yo lo pensé de otra forma.

Yo había entendido algo diferente. Parece que _____.

Estoy de acuerdo con _____ porque _____.

Entiendo por qué dijiste eso, pero ¿consideraste (pensaste) _____?

Además, pienso _____.

Creo que eso tiene sentido, pero _____.

Eso parece posible porque _____.

Parece que fuera así, pero en la página _____ el escritor dice que _____.

O podría ser _____.

Ahora se me ocurre _____.

Por otra parte, _____.

Pedir una opinión (Ask for Thinking)

¿Qué piensas tú?

¿Alguien más se dio cuenta de eso?

¿En qué estabas pensando?

¿De qué otra manera se podría pensar acerca de eso?

¿Puedes añadir algo más acerca de por qué piensas eso?

¿Alguien más se preguntó acerca de _____?

¿Alguien quiere añadir algo más a eso?

¿Qué piensan todos los demás?

¿Qué piensan otros acerca de eso?

¿Alguien lo ve de otra forma?

¿Cómo te diste cuenta?

¿Puedes explicar tu pregunta?

Cuando ella dijo _____, ¿qué piensas que quiso decir en realidad?

Cuando el escritor dijo _____, ¿qué quiso decir con eso?

¿Qué te sorprendió?

¿Por qué _____?

¿Qué te resultó asombroso?

¿Qué notaste?

Cambiar de opinión (Change Thinking)

En un momento pensé _____, pero ahora me doy cuenta de _____.

Al principio yo pensaba _____. Ahora pienso _____.

Estoy empezando a pensar _____.

He cambiado mi forma de pensar. Antes pensaba _____. Ahora pienso _____.

Tú venías con una opinión o ideas propias. ¿Ha cambiado ahora tu forma de pensar?

¿En qué sentido ha cambiado tu opinión sobre _____?

¿En qué sentido han cambiado tus ideas?

Ahora pienso de otra forma acerca de _____.

Por otra parte, _____.

Ahora me doy cuenta _____.

Si eso es cierto, entonces _____.

Esto me hace darme cuenta de _____.

¿Podría ser que _____?

Otra forma de pensarlo es _____.

¿Cómo crees que lo ve el escritor?

¿Cómo crees que lo ve el personaje?

¿Qué otras formas de pensar en eso hay?

¿Qué otra cosa podría significar eso?

Aclarar el razonamiento (Clarify Thinking)

¿Qué significa eso?

¿Quieres decir _____?

¿Podría ser _____?

¿Quizás _____ está intentando decir que _____?

Yo no entendí _____.

Habla un poco más sobre lo que quieres decir.

No entiendo lo que quieres decir.

Me pregunto si esto significa _____.

Me confundió _____.

Me deja perplejo que _____.

No entiendo la parte en que _____.

¿Qué pasó en esta parte? No pude seguir el hilo.

Hay algo que me tiene confundido.

¿Qué piensas acerca de _____?

Me pregunto por qué _____.

¿Por qué _____?

¿Por qué el escritor _____?

Ayúdame a entender por qué (qué, cómo) _____.

¿Qué diferencia hay entre eso y lo que _____ dijo?

Ampliar el razonamiento (Extend Thinking)

¿Puedes añadir algo más sobre eso?

Habla un poco más sobre lo que quieres decir.

Por favor, sé más específico.

Di algo más.

Habla más sobre eso.

¿Qué otra cosa estabas pensando?

Habla un poco más sobre lo que piensas.

¿En qué otra cosa te hace pensar eso?

Ahora estoy pensando _____.

Entiendo por qué pensaste eso. ¿Puedes añadir algo más?

Yo añadiría que _____.

Para añadir algo más a lo que _____ dijo, _____.

Sobre la base de lo que _____ dijo, yo pienso _____.

¿Alguien puede añadir algo más acerca del comentario (descripción, idea) de _____?

¿Quién puede decir algo más sobre _____?

Además, pienso _____.

Eso parece correcto (tiene sentido). Además, pienso _____.

Para añadir algo más, _____.

Eso es útil. ¿Puedes decir algo más?

Eso me sorprende. Habla más sobre eso.

Y esta parte del texto me hace pensar _____. ¿Tiene sentido?

Volvamos a leer ese párrafo (página) lentamente para ver qué más encontramos.

¿Y qué piensas tú?

Ampliar el razonamiento (Extend Thinking) *(continuación)*

¿Qué más?

¿Y?

¿Y qué estabas pensando sobre _____?

¿Quién más tiene algo que añadir?

Muéstranos la parte del relato (libro) que quieres analizar con nosotros.

Concentrarse en las ideas importantes (Focus on Big Ideas)

Creo que el escritor en realidad se refiere a _____.

Creo que el escritor quiere decir_____.

El escritor dice _____, pero en realidad quiere dar a entender _____.

¿Qué intenta decir el autor?

¿Cuál es la idea principal?

¿Cuáles fueron los mensajes del escritor?

¿Qué ideas importantes encontraste en este relato?

Piensa por qué el mensaje del escritor va más allá de este libro (relato).

¿Qué lecciones te enseña este libro (relato) sobre la vida (el mundo)?

¿Qué te dejó este relato (libro)?

Algunas ideas importantes para recordar son _____.

Iniciar la discusión/Enfocar el razonamiento
(Get the Discussion Started/Focus Thinking)

¿Quién quiere abrir la sesión?

¿Quién tiene una idea para empezar?

Muéstranos las partes del relato (libro) que quieres analizar con nosotros.

¿En qué te hace pensar este libro?

¿Qué te sorprendió?

¿Por qué este relato (libro) es importante?

Pensemos juntos en _____.

Reúnete con un compañero y comenta tus primeras impresiones sobre este libro.

¿Qué crees que sería importante hablar hoy?

Reúnete y habla sobre _____.

Reúnete con tu compañero y habla sobre _____.

Reúnete con un compañero y comenta lo que piensas sobre _____.

Establecer conexiones   (Make Connections)

¿Qué te recuerda esto?

Me gusta la conexión que estableciste entre _____ y _____.

¿A alguien se le ocurre alguna conexión aquí?

Eso me hace pensar en _____.

¿Reconoces alguna semejanza con tu propia vida?

Encontraste una conexión entre el personaje y tú.

¿Este personaje te recuerda a alguien?

¿En qué relatos o libros te hace pensar esto?

¿Este libro (personaje, trama, ambiente) te recuerda _____?

La semejanza que encontraste es muy interesante.

¿En qué se parece este texto a _____?

Parafrasear (Paraphrase)

Lo que te oigo decir es que _____.

En otras palabras, _____.

Déjame explicarte lo que te oí decir: _____.

Entonces, lo que dices es que _____.

Entonces, lo que quieres decir es _____.

Entonces, lo que intentas decir es _____.

Otra manera de decir eso es _____.

Poner en duda/Formular una hipótesis (Question/Hypothesize)

Una posibilidad es _____.

Quizás el autor _____.

Quizás el personaje _____.

¿Y si _____?

¿De qué manera podría _____?

Lo que yo me pregunto es _____.

Supón que _____.

¿Podría ser que _____?

Algunas consecuencias posibles podrían ser _____.

O podría ser _____.

Imagina si _____.

Una explicación podría ser _____.

Yo no lo entendí así. Yo pensé _____.

¿Podemos hablar un minuto sobre esa idea? Si eso fuera cierto, ¿por qué _____?

¿Tú lo ves así?

Yo no veo cómo _____.

Si yo fuera (estuviera) _____, yo _____.

Pues si eso es cierto, entonces _____.

Mi explicación es que _____.

Mi nueva explicación es que _____.

Redirigir (Redirect)

Nos estamos alejando del texto.

Sigamos un poco más con nuestro primer punto antes de pasar a otro tema.

Volvamos a lo que estábamos hablando antes.

Estábamos hablando sobre _____.

Me gustaría regresar a nuestra discusión sobre _____.

El punto (asunto) que queríamos explorar era _____.

Buscar pruebas (Seek Evidence)

¿Qué te hace pensar eso?

¿Cómo lo sabes?

¿Qué parte de lo que dijo el autor te hizo pensar eso?

¿Puedes dar algunos detalles?

¿Qué pruebas tienes?

Estás dando detalles para justificar tu razonamiento.

Entiendo lo que piensas porque estás presentando pruebas sólidas.

¿Qué parte del relato te llevó a esa conclusión?

Esto demuestra que _____.

Por ejemplo, en el texto de la página _____, _____.

Por ejemplo, en la página _____.

Otro ejemplo de eso es _____.

¿Puedes encontrar un ejemplo que demuestre _____?

¿Puedes mostrarme en qué parte del texto (ilustraciones) está eso?

Uno de los lugares donde se ve esto es _____.

Aquí el escritor dijo _____.

En la página _____, el escritor dice _____.

Cuando el escritor dijo _____, yo pensé _____.

La parte que muestra esa idea claramente es _____.

Además, _____ (give example from the text).

Elegí esta cita porque _____.

Fíjate cómo en la página _____, _____.

Ésta es una oración (pasaje) que demuestra_____.

Antes el texto dice _____.

Aquí hay pistas que indican que _____.

Esto es importante porque _____.

¿Puedes encontrar un pasaje que demuestre _____?

Piensa en lo que se dice en la página _____.

En la última página, _____.

Cuando él _____, quedó demostrado que _____.

Cuando leí esto, pensé (sentí) _____.

El personaje _____ cambió en el curso del cuento. Al principio, _____ (take to example). Más adelante, _____ (take to example).

En este libro, el personaje aprendió _____. De esta manera el autor demostró que _____.

Este personaje parece ser (estar) _____. Éstos son tres ejemplos (veces) en que _____.

En la página _____, párrafo _____, renglón _____, el escritor dice _____.

Comentar el razonamiento (Share Thinking)

Estoy pensando _____.

Yo pienso que _____.

Me sorprendí (entristecí, sentí optimista) cuando _____.

Me hiciste pensar _____.

Esta ilustración me hace pensar _____.

Observé _____.

Me di cuenta _____.

Siempre recordaré _____.

Me encanta la forma en que el escritor _____.

Me siento _____.

Me preocupé por _____.

Me gustaría _____.

Imagino _____.

Me pregunto por qué _____.

Entiendo que _____.

Me gustó la forma en que _____.

Estoy pensando que, desde el punto de vista de _____ (personaje), eso _____.

Este libro me ayudó a _____.

El título de este libro (capítulo) es apropiado porque _____.

_____ me recordó que _____.

Esta parte me hace pensar _____.

Algo especial (hermoso, memorable) de este libro es _____.

Un momento inolvidable es cuando _____.

Me pareció poco común que _____.

Comentar el razonamiento (Share Thinking) *(continuación)*

Me encanta este libro (redacción, personaje, ambiente, género) porque _____.

Una de las imágenes que siempre recordaré, es _____.

Una cosa increíble sucede en este libro cuando _____.

Pienso que el personaje hace eso porque _____.

Esta parte me hace pensar _____.

Es interesante (sorprendente) que _____.

Resumir (Summarize)

Hagamos un resumen de lo que hemos dicho.

¿Adónde hemos llegado con esta idea?

Entonces, todo esto se puede resumir en que _____.

Voy a intentar resumir lo que hemos dicho.

¿Cómo describirías _____ en unas pocas oraciones?

¿De qué se trató nuestra charla?

Algunas ideas importantes para recordar son _____.

Si todos ya han aportado sus ideas sobre eso, me gustaría cambiar de tema.

¿Todos han aportado sus ideas sobre este tema?

Glosario (Glossary)

ambiente (setting)
El lugar y el momento en que se desarrolla la acción

atmósfera (mood)
Las sensaciones fundamentales y dominantes que el lector percibe al leer un texto

autobiografía (autobiography)
Una obra biográfica en la que el sujeto escribe acerca de su propia vida; suele abarcar toda la vida del escritor o gran parte de ella

autor (author)
La persona que escribió el texto

biografía (biography)
Una obra basada en hechos reales que describe la vida de una persona

conclusión (conclusion)
El final de un relato

conflicto (conflict)
Los diferentes enfrentamientos que dan inicio al problema (una persona contra otra, contra la sociedad, contra la naturaleza, contra sí misma)

desarrollo del personaje (character development)
Los cambios que se producen en el personaje con el paso del tiempo y en respuesta a los sucesos del cuento

diálogo (dialogue)
La conversación que mantienen los personajes en una narración o en una obra dramática

elementos del texto (text features)
Las diversas herramientas que se usan con el fin de organizar el texto para los lectores o de darles más información (p. ej., tabla de contenidos, encabezamientos, subencabezamientos)

encabezamiento (heading)
Una frase presentada en una letra de mayor tamaño o en negrita, por lo general resaltada sobre un espacio blanco, que proporciona información sobre el tema de la sección

estilo/lenguaje (style/language)
La forma específica en que los escritores usan el lenguaje para comunicar información sobre los personajes, la trama, el ambiente, y la idea central

estructura del texto (text structure)
La forma en que está organizada la información de un texto escrito

exactitud/autenticidad (accuracy/authenticity)
La condición de un texto que refleja datos ciertos y verdaderos

fantasía (fantasy)
Ficción que contiene elementos irreales o pertenecientes a otro mundo

ficción (fiction)
Una narración que es imaginada en lugar de real y que incluye elementos como los personajes, un problema o conflicto, un ambiente, una trama con sucesos o episodios, y la resolución de problemas

ficción histórica (historical fiction)
Ficción realista que está situada en el pasado; suele estar enfocada en los problemas sociales y políticos de la época, así como en la forma en que los personajes los perciben

ficción realista (realistic fiction)
Relatos nacidos de la imaginación del escritor pero que podrían haber sucedido

género (genre)
El tipo o clase de redacción. Los géneros son un sistema de clasificación que se creó para proporcionar una forma de hablar sobre las características de los textos

glosario (glossary)
Una lista de palabras claves y de sus definiciones; suele estar ubicada al final de un texto

idea central (theme)
El mensaje o los mensajes fundamentales del texto, o aquello de lo que el texto trata en realidad

ilustraciones (illustrations)
Todas los elementos gráficos que acompañan un texto, incluyendo dibujos, fotografías, y pinturas

índice (index)
Una lista de los temas y los nombres que aparecen en el texto

lenguaje figurado (figurative language)
Un lenguaje que no es literal y que suele comparar dos cosas que al principio no parecen estar relacionadas

literatura tradicional (traditional literature)
Relatos ficticios con ideas centrales y motivos recurrentes que han sido transmitidos oralmente en el curso de la historia

memorias (memoir)
Una obra biográfica en la que el sujeto escribe acerca de su propia vida; suele concentrarse en los recuerdos de una época, suceso, lugar, o relación en particular

metáfora (metaphor)
Una comparación directa entre dos cosas o ideas

narración (narrative)
Un conjunto de sucesos que constituyen un relato

narrador (narrator)
La persona que cuenta el cuento

no ficción (nonfiction)
Un texto que tiene el objetivo de proporcionar información basada en hechos reales a través del texto y de imágenes visuales; contiene ideas, datos, y principios; su propósito principal es comunicar información

no ficción narrativa (narrative nonfiction)
Un texto de no ficción que está organizado de forma similar a una narración, con un comienzo, una serie de sucesos, y un final

personaje principal (main character)
El personaje del que trata principalmente el cuento; a veces se lo conoce como el protagonista

personajes (characters)
Las personas, los animales o los objetos personificados que intervienen en un texto de ficción

personajes secundarios (supporting characters)
Los personajes que se relacionan con el personaje principal y que influyen en su vida

personificación (personification)
Una figura retórica que consiste en atribuir características humanas a animales, ideas, u objetos

perspectiva (perspective)
La postura que adopta el narrador (también conocida como *punto de vista*)

portada (title page)
La página en la que aparecen el título y el autor

problema (problem)
El asunto o conflicto central al que se enfrentan los personajes que intervienen en el cuento

punto culminante (climax)
El momento de un cuento en que se resuelve el conflicto de la trama

punto de vista (point of view)
La perspectiva, o posición, desde la que se presenta el cuento

resolución (resolution)
El punto del cuento en que se soluciona el problema

símbolo (symbol)
Personas, objetos, acciones, o situaciones que tienen otro significado además del literal

símil (simile)
Una comparación indirecta de dos cosas diferentes que se hace usando *parecido* o *como*

subencabezamiento (subheading)
Una frase presentada en una letra más grande que la del texto (pero más pequeña que la del encabezamiento) que proporciona información sobre el tema o sobre una división de una sección

sucesos (events)
Los hechos que ocurren en el relato

tabla de contenidos (table of contents)
Una lista de las secciones importantes o de las divisiones informativas de un texto

tema (topic)
La materia fundamental de un texto o la materia de las divisiones de un texto

texto informativo (informational text)
Un texto que se escribió para informar o para proporcionar datos sobre un tema

tono (tone)
La forma en que el escritor comunica una impresión general o una actitud hacia la materia, el contenido, o el tema del libro

trama (plot)
El problema del cuento y los sucesos que derivan de él